Pierina
and the Wing Tailor

П'єрина
та кравець, що шиє крила

Also by Antonina Novarese / також від Антоніни Новарез

ENGLISH-UKRAINIAN BILINGUAL CHILDREN'S BOOKS / АНГЛО-УКРАЇНСЬКІ ДВОМОВНІ ДИТЯЧІ КНИГИ

Check out the books in the **UK**:
Перегляньте книги у **Великобританії**:

Check out the books in the **USA**:
Перегляньте книги **США**:

Scan the QR code with your phone camera to check out the books.
Відскануйте QR-код за допомогою камери вашого телефону, щоб переглянути книги.

Published by Antonina Novarese, Vertou, France
English / Ukrainian bilingual edition
Written, translated, illustrated, designed by Antonina Novarese
First published as *Small White and the Wing Tailor* in English in 2020 by Antonina Novarese
ISBN : 978-2-902718-35-1
Édition : Antonina Novarese, 51 rue Charles Lecour, 44120 Vertou, France
Imprimé à la demande depuis novembre 2023. L'imprimeur est indiqué à la dernière page de l'ouvrage.
Loi n° 49-956 du 16 juillet 1949 sur les publications destinées à la jeunesse : novembre 2023
Dépôt légal : novembre 2023
WWW.ANTONINANOVARESE.COM

Pierina
and the Wing Tailor

П'єрина
та кравець, що шиє крила

story and pictures by
Antonina Novarese
текст та ілюстрації
Антоніни Новарез

Antonina Novarese

Pierina had broken her wing. She went to look for the wing tailor.

П'єрина зламала крильце. Вона пішла шукати кравця, що шиє крила.

On her way she saw an ant.
"Why are you crying, dear ant?"
"I've lost my blue berry, so I've nothing to bring home to eat!"
"Don't cry. I'll help you."

По дорозі вона зустріла мураху.
— Чому ти плачеш, люба мурахо?
— Я загубив мою синю ягоду, і тепер мені нема чого принести додому поїсти.
— Не плач, я тобі допоможу.

So she looked, and looked, and found one blue berry.

І так вона пошукала, пошукала і знайшла одну синю ягоду.

1
blue berry
синя ягода

"Thank you, Pierina."

"You're welcome. Do you know where to find the wing tailor?"

"I don't know, but maybe the beetle knows. Go to the two brown tree stumps, that's his home."

Pierina walked on until she saw two brown tree stumps.

— Дякую, П'єрино.

— Будь ласка. Чи ти не знаєш, де знайти кравця, що шиє крила?

— Я не знаю, та може жук знає? Іди до двох коричневих пеньків, там його дім.

П'єрина пішла далі, доки не побачила два коричневі пеньки.

2 brown tree stumps
коричневі пеньки

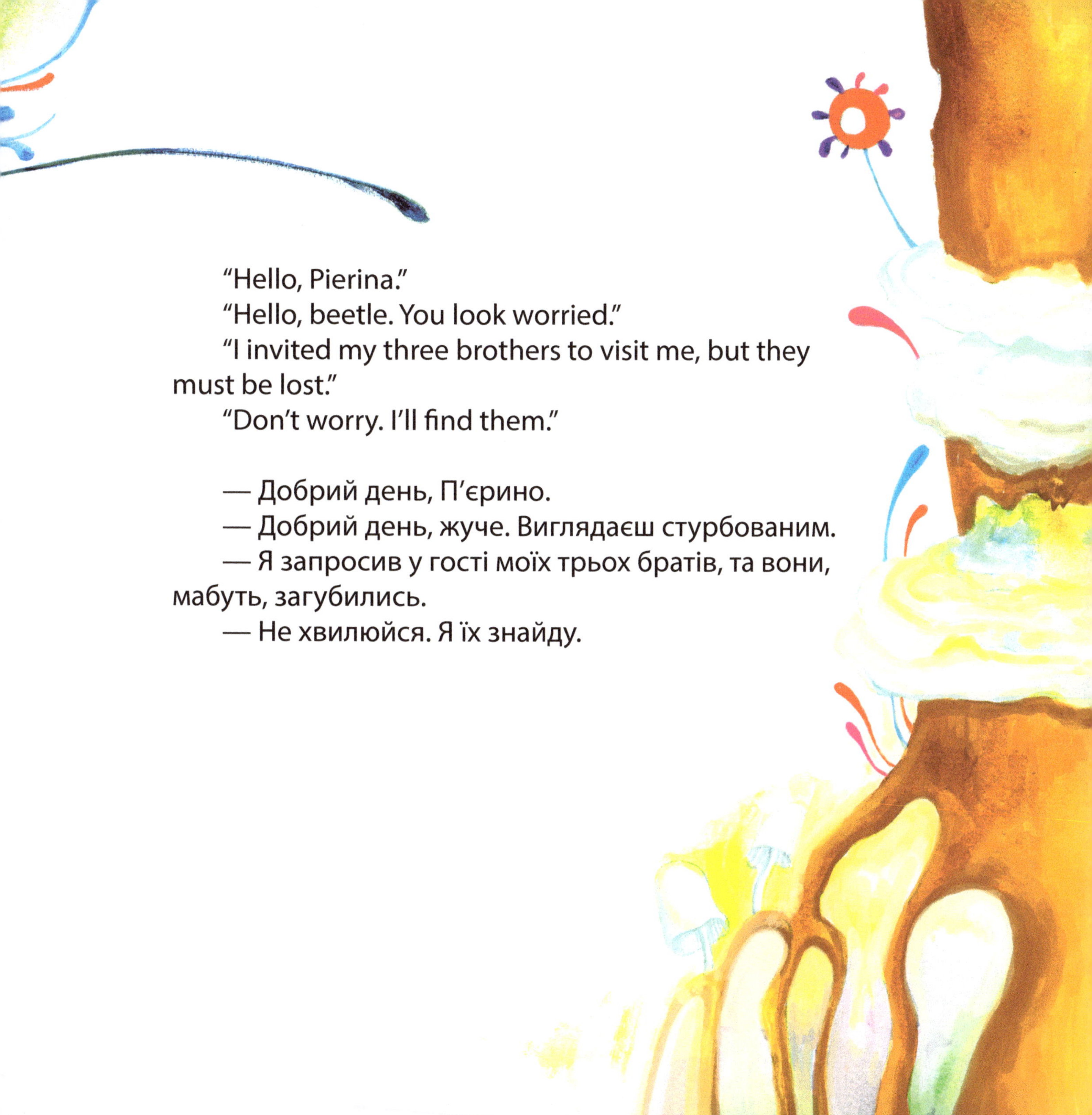

"Hello, Pierina."
"Hello, beetle. You look worried."
"I invited my three brothers to visit me, but they must be lost."
"Don't worry. I'll find them."

— Добрий день, П'єрино.
— Добрий день, жуче. Виглядаєш стурбованим.
— Я запросив у гості моїх трьох братів, та вони, мабуть, загубились.
— Не хвилюйся. Я їх знайду.

So she looked, and looked, and found three black beetles.

І так вона пошукала, пошукала і знайшла трьох чорних жуків.

3
black beetles
чорні жуки

"Thank you, Pierina."
"You're welcome. I'm looking for the wing tailor."
"I don't know where to find him, but you could ask
the ladybird. Go to the four orange mushrooms, that's
where she lives."
Pierina walked on until she saw four orange
mushrooms.

— Дякую, П'єрино.
— Нема за що. Я шукаю кравця, що шиє крила.
— Не знаю де його знайти, але ти можеш спитати
сонечко. Іди до чотирьох помаранчевих грибів, там
вона живе.
П'єрина пішла далі, поки не побачила чотири
помаранчеві гриби.

4
orange
mushrooms
помаранчеві
гриби

"Hello, Pierina."
"Hi, ladybird. I see you are sad."
"My five sisters are lost."
"Don't be sad. I'll find them."

— Добрий день, П'єрино.
— Привіт, сонечко. Я бачу, ти сумна.
— П'ятеро моїх сестер загубилися.
— Не сумуй. Я їх знайду.

So she looked, and looked, and found five red ladybirds.

І так вона пошукала, пошукала і знайшла п'ять червоних сонечок.

5

red ladybirds

червоних сонечок

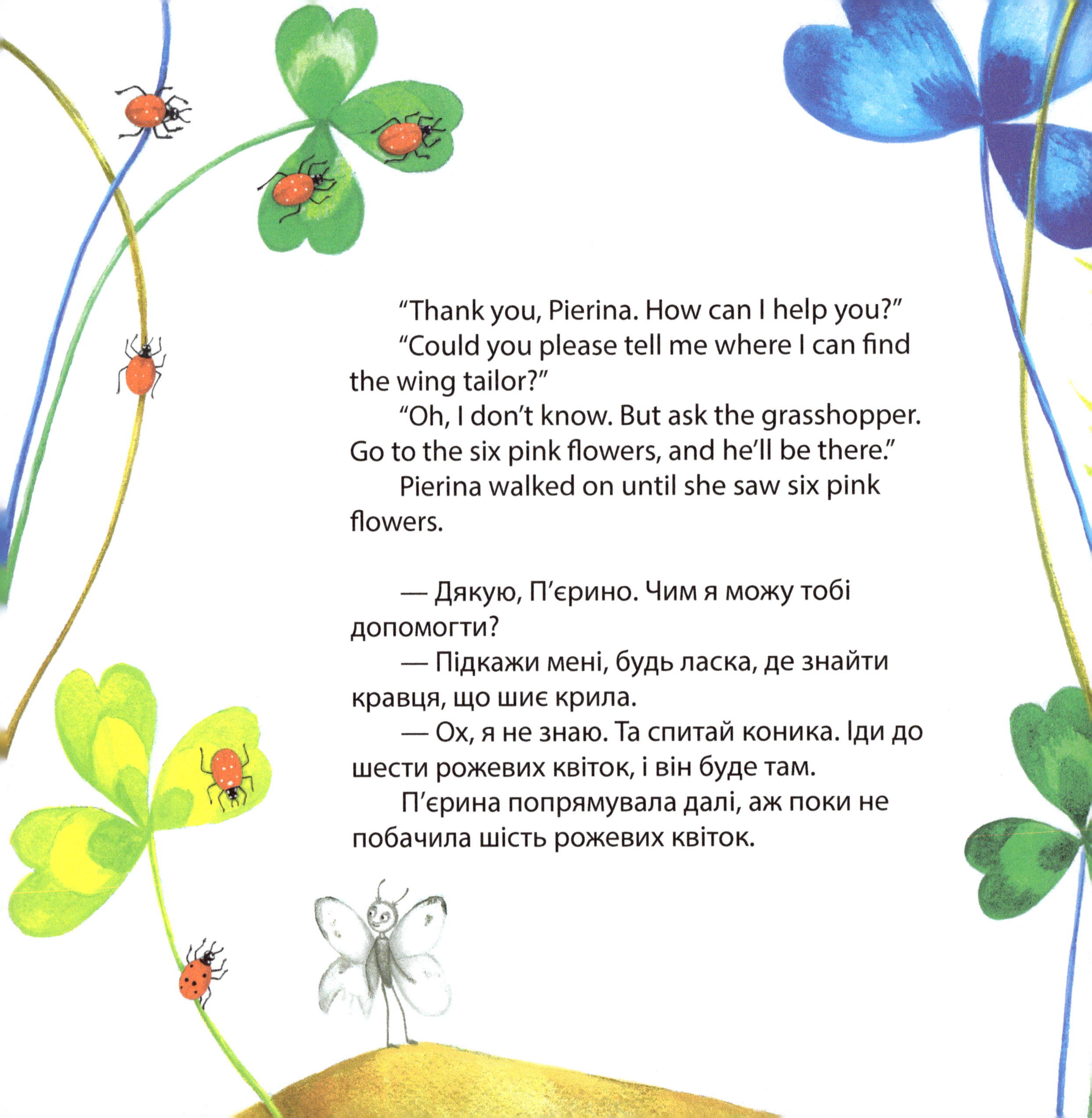

"Thank you, Pierina. How can I help you?"

"Could you please tell me where I can find the wing tailor?"

"Oh, I don't know. But ask the grasshopper. Go to the six pink flowers, and he'll be there."

Pierina walked on until she saw six pink flowers.

— Дякую, П'єрино. Чим я можу тобі допомогти?

— Підкажи мені, будь ласка, де знайти кравця, що шиє крила.

— Ох, я не знаю. Та спитай коника. Іди до шести рожевих квіток, і він буде там.

П'єрина попрямувала далі, аж поки не побачила шість рожевих квіток.

6
pink flowers
рожевих квіток

"Hi, Pierina."
"Hello, grasshopper. You seem confused."
"I've lost my seven sons. Have you seen them?"
"No, but wait. I'll search for them."

— Привіт, П'єрино.
— Добрий день, конику. Ти виглядаєш спантеличеним.
— Я загубив сім моїх синів. Чи ти їх не бачила?
— Ні, та зачекай. Я їх пошукаю.

So she looked, and looked, and found
seven green grasshoppers.

І так вона пошукала, пошукала і
знайшла сім зелених коників.

7

green grasshoppers

зелених коників

"Thanks, Pierina. I see your wing is broken. Go to the eight yellow pond lilies. The wing tailor lives there. He'll help you."

So Pierina walked on until she saw eight yellow pond lilies.

— Дякую, П'єрино. Я бачу, в тебе крильце зламане. Іди до восьми жовтих водяних лілій. Там живе кравець, що шиє крила. Він тобі допоможе.

І так П'єрина пішла далі, доки не побачила вісім жовтих водяних лілій.

8
yellow pond lilies
жовтих водяних лілій

"Oh, I can't help you," said the wing tailor. "I've run out of cloth. Go and bring me nine violet bellflowers and ten white daisies. Then I'll see what I can do."

— Ох, не можу я тобі допомогти, — сказав кравець. — В мене закінчилась тканина. Іди та принеси мені дев'ять фіолетових дзвіночків і десять білих маргариток. Тоді я подивлюсь, що я зможу зробити.

First, Pierina found nine violet bellflowers.
Then she brought ten white daisies.

Спочатку П'єрина знайшла дев'ять фіолетових дзвіночків.
Потім вона принесла десять білих маргариток.

9 *violet* bellflowers

9 *фіолетових* дзвіночків

10
white daisies
білих маргариток

And finally, the wing tailor made for Pierina a wing, just as beautiful as before.

І тоді кравець зробив П'єрині крильце, таке ж гарне, як у неї було раніше.